HETTLAGE KGaA
Zweigniederl. Heilbronn
7100 Heilbronn
Wollhausezentrum Tel. 07131-82000

DAS U-BOOT FRITZ

In Reimen beschrieben von
James Krüss
In Bildern vorgeführt von
Aiga Rasch

Boje-Verlag Stuttgart

Das U-Boot Fritz
fährt wie der Blitz
im Untersee-Verkehre
durch alle sieben Meere.

Einst wollte mal
ein Riesenwal
samt seinen Riesenkindern
die Weiterfahrt verhindern.

Doch U-Boot Fritz
ist vorne spitz.
Er stach – welch ein Gedanke –
den Wal in seine Flanke.

Der Wal schreit auf.
Und mit Geschnauf,
mit Prusten und mit Blasen,
beginnt er fortzurasen.

Doch da, o weh,
schäumt auf die See.
Es nahn mit einem Male
rachsüchtig hundert Wale.

Wohin? Wohin?
Die Wale ziehn
um Fritz gefährlich leise
bald immer engre Kreise.

Da faltet Fritz,
das ist kein Witz,
den Turm für den Commander
zu Flügeln auseinander.

Ein Mann im Bug
befiehlt nun: Flug!
Und Fritz hebt seine Nase,
damit er aufwärts rase.

Er schießt hinauf.
Schon taucht er auf,
die Flügel ausgebreitet,
fliegt in die Luft und – gleitet.

Die Walfisch-Brut
sieht voller Wut
hoch über ihren Nasen
den Fritz die Luft durchrasen.

Ja, U-Boot Fritz,
das ist der Witz,
kann fliegen gleich den Vögeln
und über Wolken segeln.

Mit viel Gebraus
fliegt er nach Haus
und geht gemütlich schlafen
in seinem Heimathafen.